Schon als junge Mutter habe ich meinen Kindern gerne selbst erfundene Geschichten erzählt, die nicht grausam oder unrealistisch waren.

Heute als Oma sehe ich viele Kinderbücher. Alle sind sehr schön, aber leider eignen sich die meisten nicht zum Vorlesen. Deshalb habe ich "Anton Meise", die Ameise, zum Leben erweckt und erzähle seine Abenteuer, die er mit der vegetarisch lebenden Spinne Fridolin und dem Marienkäfer Klarabella, genannt La, erlebt. In diesem dritten Band geht das Abenteuer nun zuende. Ich wünsche euch allen viel Spaß damit!

Auch den dritten Band dieser Kinderbuchreihe widme ich meiner ganzen Familie!

Mein ganz besonderer Dank geht an Ramona Mendel, die sich mal wieder selbst übertroffen hat bei diesen wundervollen Zeichnungen. Vielen Dank auch an meine Lektorin Susanne Junge.

Inge Diesel-Voß

Die Abenteuer des Anton Meise

Band 3

www.tredition.de

Lektorat, Layout und Buchsatz: Susanne Junge
Illustrationen: Ramona Mendel

ISBN Softcover: 978-3-347-45964-9
ISBN Hardcover: 978-3-347-45972-4
ISBN E-Book: 978-3-347-45977-9

Druck und Distribution im Auftrag des Autors:
tredition GmbH, Halenreie 40-44, 22359 Hamburg, Germany

Teil 1

Wir sind wieder da!

Mein Name ist Anton Meise, genannt Ameise, dann gibt es noch den Marienkäfer Klarabella, genannt La, und die vegetarisch lebende Spinne Fridolin.

Wir sind das Team **ALF**.

Bisher haben wir ja schon viele Abenteuer erlebt und freuen uns, dass wir uns gefunden hatten. Nicht jeder hat das Glück, so gute Freunde zu finden.

La, Fridolin und ich passen aufeinander auf und sind füreinander da, obwohl wir ganz verschiedenen Rassen angehören und eigentlich auch ganz verschieden leben.

Der Tag ist sehr sonnig, am Himmel ziehen die Vögel ihre Kreise, und wir sind schon wieder unterwegs zu

neuen Abenteuern.

Wir krabbeln über Stock und Stein, bis wir einen großen Erdklumpen erreichen.

„Ist das wieder ein Maulwurfshügel?" Fridolin guckt ganz erschrocken, denn er muss an den ersten Teil ihrer Reise denken, da mussten sie sehr aufpassen nicht auf dem Speisezettel eines Maulwurfs zu landen.

„Nein, nein, das ist ein so genanntes Feld. Der Mensch hat hier umgepflügt, und jetzt ist es schwierig durchzukommen. Ich glaube, die bauen hier Kartoffeln an", La schwirrt über unseren Köpfen hin und her.

„Oh, da kommt ein Kartoffelkäfer angekrabbelt. Wie der aussieht, könnte man fast meinen, wir sind verwandt."

„Fressen, fressen, fressen, das ist mein Lebenszweck", ein komischer Käfer kommt über den Erdklumpen gekrabbelt. Der sieht ja lustig aus, ganz gelb, mit schwarzen Pünktchen und auf jeder Seite je fünf Längsstreifen. Dieser Käfer beachtet uns gar nicht, sondern krabbelt schnell weiter.

„Weiß jemand, was ein Kartoffelkäfer so macht?", La sieht Fridolin und mich an. Wir gucken beide etwas ratlos. Ich bin erleichtert, dass Fridolin es auch nicht weiß. Ich habe in der Ameisenschule nämlich nicht immer gut aufgepasst und weiß daher nicht so viel wie meine Kameraden und das beschämt mich so manches Mal. Erst jetzt merke ich, dass Zuhören sinnvoll gewesen wäre.

„Kartoffelkäfer haben eigentlich keine natürlichen Fressfeinde, das heißt, sie sind keine Nahrung für andere Tiere. Wenn ein Kartoffelacker von den Käfern besetzt ist, wird das für die Bauern schnell zu einer Plage. Eine Plage ist dann, wenn der Käfer die Blätter und die Frucht anknabbert und auch frisst. Dann gibt es keine oder nur ganz wenige Kartoffeln mehr. Mittlerweile gibt es aber biologische Mittel, damit der Kartoffelkäfer bekämpft werden kann."

Ich gucke La ganz bewundernd an: „Wenn du mir jetzt noch erklärst, was ein Bauer ist, dann bist du meine Heldin."

La lacht etwas und erklärt mir dann: „Ein Bauer wird auch Landwirt genannt. Das ist ein Mensch, der hat einen Hof, also ein Haus mit Stall oder sogar mehreren Ställen, die sind für seine verschiedenen Tieren, beispielsweise Kühe, Hühner oder Schafe, außerdem Hunde, Katzen, und vieles mehr. Und er baut zum Beispiel Getreide an, das kann sein: Gerste, Mais, Hafer, Roggen oder Weizen. Dieser Bauer hier baut aber zusätzlich Kartoffeln an. Und da kann es einfach passieren, dass der Kartoffelkäfer sie findet und die Pflanzen befällt."

Oh je, soviel gelernt, hoffentlich kann ich mir das alles merken. Fridolin ist wohl schon eingeschlafen, er rührt sich gar nicht mehr. „Hey aufwachen, nicht schlafen", ich stupse Fridolin an, der mir sofort böse widerspricht: „Ich schlafe doch nicht, das ist viel zu interessant."

„War doch nicht so gemeint", ich bin ganz traurig, weil Fridolin böse auf mich ist.

„Alles in Ordnung, ich habe mich nur erschrocken", entschuldigt sich Fridolin.

Gut, dass wir Freunde sind und nie lange böse aufeinander sein können.

Wir krabbeln weiter, bis wir an eine kleine Höhle kommen, aus der gerade ein Käfer herauskrabbelt. „Huch," ich hopse erschrocken ein Stück weg, „wer oder was bist du denn?"

„Ich bin ein Laufkäfer und heiße Konrad. Bitte nicht erschrecken, ich bin eigentlich ein ganz netter Kerl," sprachs und krabbelte eilig weiter.

„Ich weiß, ein Laufkäfer mag Larven, Schnecken und Blattläuse, also hatten wir wohl auch nichts zu befürchten", Fridolin schaut dem Käfer hinterher.

Es gibt doch seltsame Lebewesen, wir lernen immer mehr davon kennen. Gut, dass ich Fridolin und La bei mir habe, da sie meist mehr wissen als ich – aber nun passe ich immer gut auf und lerne.

Langsam wird es dunkel und wir drei suchen uns einen Unterschlupf. Mittlerweile bin ich so müde, dass ich nicht mal mehr was Essbares mag. Fridolin, La und ich kuscheln uns aneinander und schlafen sofort ein.

„Pfiep, pfiep, kommt meine Kinderlein,
pfiep, pfiep, lauft mir immer hinterdrein.
Ben, Teresa, Lea und Marlene,
kommt schnell und nicht alleine,
sonst schimpfe ich und leg euch an die Leine."

Ganz leise höre ich diesen kleinen Reim, irgendwie kann ich das nicht zuordnen. Es hört sich an, als wenn es unter uns ist.

La wird wach und hört es auch. „Pass auf, das ist bestimmt eine Mäusefamilie. Vielleicht gehört unser Unterschlupf zu ihrem Bau. Lass uns leise sein, vielleicht gehen sie weiter."

Wir hören noch eine ganze Weile die Mäuse unter uns trippeln. Gut, dass wir so leise sind, so beachten sie uns gar nicht. Ich glaube, Fridolin hat alles verschlafen. La und ich legen uns auch wieder hin und machen die Augen zu. Erst am anderen Morgen erzählen wir Fridolin von der Mäusefamilie.

Fridolin kann uns auch gleich etwas über Mäuse erzählen: „Sie graben gerne kleine Höhlen mit komplizierten Tunneln und  Gängen und mit mehreren Ausgängen. Wenn das eine Familie war, dann waren da bestimmt mindestens drei Junge, sie können aber auch bis zu zwölf Junge bekommen. Sie futtern auch gerne Insekten, das heißt, es war gut, dass ihr leise ward. Mäuse werden selbst auch von vielen Tieren gejagt, zum Beispiel von Katzen, Schlangen, Füchsen oder Eulen und mehr."

La und ich hören gebannt zu.

„Das finde ich ja toll, was ihr alles so wisst", dabei überlege ich die ganze Zeit, wie ich die anderen auch mal richtig beeindrucken könnte.

La schaut mich an und weiß, was ich denke. „Anton, mach dir keinen Kopf, wir wollen nicht angeben, sondern es geht uns darum, dass du in Zukunft einfach aufpasst."

„Das verspreche ich euch!", es ist mir auch ganz ernst, als ich das sage.

Während unserer Unterhaltung sehen wir von weitem ein Eichhörnchen
flink   einen
Baum   herauf-
und herunterklettern.

„Der ist ja
sportlich,"
ist   Fridolin
begeistert.

Da   kommt
das   Eich-
hörnchen auch
schon   ange-
rannt.

„Ich bin eine *DIE* und heiße Elisabetha.
Per favore, scusate i miei amici.
Ich will mal nach Italien auswandern,
deshalb versuche ich auch, Italienisch zu lernen. Das hieß gerade: »Entschuldigt bitte, meine Freunde.«

Leider habe ich für euch keine Zeit, denn ich muss noch meine Familie versorgen und auch die Kleinen, die heißen Bastian, Luis und Lukas. Futter für den Winter muss ich noch zusammentragen und verstecken, und deshalb habe ich viel zu tun. Ich wünsche euch einen guten Tag und Ciao!", mit diesen Worten verabschiedet sich das flotte Eichhörnchen und flitzt den nächsten Baum hoch.

Wir sehen uns an und müssen fast lachen. Elisabetha hat so schnell gesprochen und war so schnell wieder weg, dass wir gar nichts zu ihr sagen konnten.

Wir wandern weiter. Kurz vor einem tiefen Graben, vor dem La uns schon gewarnt hatte, treffen wir auf zwei Hoppler, so habe ich sie immer genannt. Ich weiß allerdings (ich bin sehr stolz darauf, endlich etwas zu wissen…), dass es Hasen sind.

„Hallo, wer seid ihr denn? Woher kommt ihr? Wohin wollt ihr?", Fridolin fragt gleich ganz neugierig.

„Wir heißen Gaby und Gerd. Leider sind wir ganz müde und gerade auf dem Weg nach Hause. Wir waren auf einer Feier und haben die ganze Nacht hindurch gefeiert und getanzt mit gaaaaanz vielen anderen Häschen aus unserer Gruppe. Das war so toll und hat so viel Spaß gemacht.

Aber jetzt mal zu euch. Seid ihr nicht dieses Team **ALF**? Schön, euch kennengelernt zu haben. Jetzt sind wir aber wirklich rechtschaffen müde und gehen weiter. Eine gute Zeit wünschen wir euch", gähnend und kaum mehr in der Lage, die Augen aufzuhalten, hoppeln die beiden weiter. Frau Hase hat uns noch ein paar Hasenboppel hinterlassen, wir müssen nun aufpassen, dass keiner darüber fällt.

Langsam krabbeln wir jetzt über einen kleinen Hügel und erreichen den Graben, auf den uns La schon hingewiesen hatte. Gut, dass es länger nicht geregnet hat. So müssen wir nur runterkrabbeln und auf der anderen Seite wieder hoch. Puh, ist das aber anstrengend!

Als wir endlich wieder oben sind, sehen wir diese graue, endlos erscheinende Fläche: richtig, sie wird Straße genannt!

Was sollen wir nur tun?

Fridolin, La und ich beraten gerade, wie es weitergehen soll, als wir wieder etwas hören.

„Oh, sas wehe ich da? Ein Ramienkäfer, eine Psinne und eine Maeise. Wo hollt ihr win?", ein komischer roter Käfer kommt uns entgegengekrabbelt.

„Versteht den jemand?", verwirrt schaut Fridolin uns an.

„Ich kann es mir zusammenreimen", meint La, „er hat gesagt: »Ein Marienkäfer, eine Spinne und eine Ameise«, dann hat er noch gefragt, wo wir hin wollen."

Ah, jetzt begreife ich es auch. Dieser Käfer vertauscht manche Anfangsbuchstaben mit einem Buchstaben in dem Wort. Das ist ja mal eine coole Geheimsprache.

„Was bist du für einer? Bist du eine Gefahr für uns?", La fragt diesen komischen Käfer ganz direkt.

„Ich bin ein Keuerfäfer und kag meine Fiere tressen. Nein Mame ist Harl-Keinz und ich bin auf Wem deg zu feiner Mamilie."

Wir hören gebannt, was dieser Käfer erzählt. So richtig verstanden habe ich das nicht.

„Du heißt also Harl-Keinz?"

Ich wollte uns gerade vorstellen, als der Käfer mit schneidender Stimme richtigstellt: „Ich heiße Harl-Keinz!!!"

Oh je, was hatte ich jetzt denn verkehrt gesagt? Wer soll denn das verstehen? Fridolin und ich sehen La ganz verzweifelt an.

„Er meint, er wäre ein Feuerkäfer und mag keine Tiere fressen. Sein Name wäre *Karl-Heinz*", betont La, „und er wäre auf dem Weg zu seiner Familie."

Gott sei Dank kann La das für uns übersetzen.

Fridolin stellt uns dann mit ganz normalen Worten vor und erklärt, dass wir von der anderen Straßenseite kommen, Abenteuer erlebt haben und noch weitere erleben wollen.

Der Feuerkäfer hat es augenscheinlich eilig, jedenfalls verabschiedet er sich schnell: „ Ich jehe getzt zu feiner Mamilie, die scharten wohn. Einen wuten Geg heiterwin und lasst nuch eicht don ven Autos überfahren."

Ich glaube, jetzt habe ich das Prinzip verstanden: „Er will zu seiner Familie zurück, die würden schon warten. Außerdem wünscht uns Karl-Heinz einen guten Weg weiterhin und wir sollen uns nicht von den Autos überfahren lassen", ganz stolz übersetze ich das für Fridolin.

Wir verabschieden uns auch, und der Feuerkäfer krabbelt davon. Wieder denke ich verwundert, was wir doch für seltsame Geschöpfe treffen – und wie spannend es ist, was wir so alles erleben!

Kaum sind wir ein Stück weitergegangen, als schon wieder etwas Merkwürdiges passiert.

„Gack, gack, gack,
das ist ein schöner Tag.
Ich bin ein hübsches Huhn
und brauch' nicht viel zu tun.
Mein Name, der ist Carmen,
ich will in meinen warmen
und auch schön trockenen Stall – juchhee,
da wartet mein Schatz, der flotte Klaweh."

Ein für uns sehr groß aussehendes Ding mit ganz vielen bunten Federn kommt auf uns zu.

„Vorsicht, das ist ein Huhn," ruft La noch, bevor sie in die Lüfte steigt. Fridolin und ich rennen so schnell, wie uns unsere insgesamt vierzehn Beine tragen. Bevor wir die Aufmerksamkeit des Huhnes auf uns ziehen, können wir uns in einer kleinen Höhle verstecken.

„Mag das gefederte Vieh eigentlich so kleine Tiere wie uns?", Fridolin ist außer Atem.

„Ich weiß es auch nicht, aber vermutlich weiß es La. Sie hat uns immerhin gewarnt. Mal sehen, was sie zu diesem Tier erzählen kann", wie schon so oft bereue ich, dass ich in der Schule nicht aufgepasst habe.

Wir verhalten uns dann ganz still, bis das Huhn weitergelaufen ist.

Dann blicken wir vorsichtig aus unserer Höhle, als La auch schon zu uns angeschwirrt kommt.

„Das war gut, dass ihr euch gleich versteckt habt. Hühner mögen gerne solche kleinen Krabbler wie euch", La erzählt noch weiter: „Eigentlich sind Hühner in großen Pferchen eingesperrt."

„Was ist ein Pferch?" Fridolin guckt genauso ratlos wie ich.

La fängt an zu erklären: „Ein Pferch ist ein Gehege, also eine Einfriedung einer Fläche, damit Tiere nicht weglaufen können."

„Sage doch gleich: ein Zaun, damit die Tiere nicht abhauen können", Fridolin lacht bei diesen Worten.

„Du hast ja recht, aber ich wollte doch zeigen, dass ich was weiß", lacht auch La.

Nur ich gucke von einem zum anderen und schäme mich mal wieder wegen meiner Dummheit.

Als wir um einen Stein krabbeln, treffen wir auf eine große Anzahl von Käfern, die laufen in einer Reihe. Sie sind an Brust und Kopf ganz metallisch grün und sehen sehr interessant aus.

Ich halte abrupt an, und Fridolin schmeißt mich fast um, weil er das nicht hat kommen sehen.

La schwirrt bereits wieder über unseren Köpfen und ruft mit ihrer piepsigen Stimme von oben: „Wer und was seid ihr?"

Der ganze Trupp Käfer hält augenblicklich still. Einer tritt aus der Reihe und meint: „Wir sind Gartenlaubkäfer und tun

euch nichts. Wir mögen am liebsten Blüten. Wer seid ihr, bitte?"

Der ist aber höflich! Ich trete vor den Käfer und stelle uns vor; außerdem erzähle ich von einigen Abenteuern – und die Käfer lauschen ganz andächtig.

Als ich gerade Luft hole, unterbricht mich der Käfer, bevor ich weiterreden kann: „Wir haben schon viel von euch gehört, ihr seid das Team **ALF**, nicht wahr? Überall erzählen sie von euch und von den vielen Abenteuern, die ihr erlebt habt. Es freut uns, euch persönlich zu treffen, deshalb möchte ich uns auch vorstellen. Also bitte einzeln vortreten, damit ich euch mit Namen nennen kann:

Das hier ist Wanja und das ist Törg, das ist Mamara und Larry, mit ihren Kindern Sam und Nina, hier haben wir Fidekke, Geka und Henry. Dann gibt es noch Fetra und Lichel mit ihrem Sohn Hugo, mein Name ist Tieta. So, das waren jetzt alle. Wir freuen uns, dass wir euch kennenlernen durften und jetzt ziehen wir weiter. Viel Spaß noch und passt auf euch auf!"

Die Käfer reihen sich wieder ein und krabbeln weiter.

„Die waren aber nett," meinte Fridolin. La und ich stimmen ihm zu. „Jetzt aber weiter, bevor es dunkel wird."

Teil 2

Bevor noch jemand was sagt, machen wir uns wieder auf den Weg und krabbeln weiter an der Straße entlang. Da hören wir auf einmal eine bekannte Stimme reimen:

„Kann das denn sein?
Seid ihr nicht die drei,
die ich frank und frei
unter meinen Flügeln
dort hinter den Hügeln
über das Wasser getragen habe?
Es war vor etlichen Tagen,
da hörte ich mich sagen,
vielleicht sieht man sich bald mal,
und jetzt kurz vor dem Abendmahl
treffe ich tatsächlich euch –
ihr wisst gar nicht, wie ich mich freu."

„Eliane", ruft La, „bist du das tatsächlich?" Das kann ja wohl fast nicht sein, dass wir unsere Eliane, den reimenden Bockkäfer, wiedertreffen!"

„Ich bins, ich bins,
wohin so geschwind?
Wenn es euch passt,
macht mit mir erstmal Rast.
Ich muss etwas schlafen,
war dahinten bei den Schafen,
habe Beller erklären müssen,
wo ein paar Schafe fressen."

Die arme Eliane – vor lauter Müdigkeit kann sie schon fast nicht mehr reimen. Da es nun dunkel wird, suchen wir uns eine Höhle, in die alle hinein-passen. Wir reden nicht mehr viel, sondern legen uns gleich hin zum Schlafen.

Am anderen Tag ist es schönes Wetter. Eliane hatte sich leise davongeschlichen, kommt aber gerade wieder angeschwirrt.

„Ich musste erst Beller fragen,
ob alle verschwundenen Tiere der letzten Tage,
jetzt wieder zu Hause sind –
das ging auch ganz geschwind."

Fridolin, La und ich räkeln uns noch gemütlich zwischen den Blättern unseres Nachtlagers. Wir sind schon sehr gespannt, was es Neues von Eliane gibt. Aber zuerst erzählen wir von unseren Abenteuern mit dem Schäferhund Beller, mit der Hummel Brummel, mit der Katze Mieze und dem Igel, wir berichten von den Mäusen, dem ulkigen Feuerkäfer Karl-Heinz, der Schnecke Lieschen Müller und den vielen anderen Tieren, die wir kennengelernt haben.

Als wir endlich alle Neuigkeiten ausgetauscht haben, bemerkten wir unseren Hunger: Unsere Bäuche grummeln richtig! Also gehen wir erst einmal auf Futtersuche.

Als wir satt sind, wollen wir wieder Richtung Höhle krabbeln, da erblicke ich zwei Libellen – die kenne ich jetzt schon,

Sie sind so wunderschön mit ihren glitzernden Flügeln!

Beide schwirren kurz über uns, und eine der Libellen ruft: „Seid ihr die drei, von denen alle sprechen? Ich bin Amona, und das ist mein Mann Joerd – wollte euch doch mal ansehen. Jetzt müssen wir weiter, unsere Familie wartet. Eine gute Reise weiterhin."

Kaum hatte sie das gesagt, war das Pärchen schon wieder davongeschwirrt.

Als wir uns dann wieder vor der Höhle getroffen haben, berichtet Eliane in ihrer reimenden Art:

„Es waren schöne und weniger schöne Tage,
das ist bestimmt keine Frage,
Beller hatte meine Hilfe gebraucht,
da hinten beim Haus hat mich die Katze angefaucht,
vielen Tieren bin ich begegnet,
es hat auch mal geregnet.
Ansonsten ist alles in Ordnung.
Familie Kellerassel hat eine neue Wohnung.
Ihr kennt doch noch die Kellerassel
namens Wilhelm Sassel,
der gesucht hat seine ganze Familie
und sie auch gefunden hat, da hinten bei der Lilie?"

„Wir freuen uns, dass es für Wilhelm Sassel gut ausgegangen ist", Fridolin spricht uns aus dem Herzen.

„Ach, ich habe auch Sehnsucht nach meiner Familie," La guckt ganz traurig.

> „Vor nicht allzu langer Zeit
> und gar nicht so weit,
> habe ich viele Marienkäfer gesehen.
> Vielleicht sollte ich mal mit ihnen reden,
> ob sie deine Familie kennen,
> dann müsstet ihr euch aber trennen."

Eliane sieht uns der Reihe nach an.

Leicht geschockt will ich eigentlich sofort widersprechen. Aber als ich La ansehe, wie sehr sie sich freuen würde, ihre Familie wiederzufinden, versuche ich, nicht allzu traurig zu gucken.

„Bitte, sage mir, wo ich die anderen Marienkäfer finden kann. Ich darf sie ja nicht hierher führen, das könnte nicht gut ausgehen für Anton und Fridolin", La ist ganz aufgeregt.

> „Ich fliege erst einmal allein
> und frage dann ganz fein.
> Geht ruhig weiter,
> solange das Wetter so heiter,
> es ist kein Problem,
> euch wieder zu sehen.
> Alle Tiere reden über euch sehr viel,
> deshalb ist es für mich ein Kinderspiel."

Mit diesen Worten fliegt Eliane davon.

„Es scheint, wir sind berühmt geworden", La muss lachen und spricht weiter: „Ist ja auch kein Wunder, wer hat schon mal so etwas wie uns gesehen?"

„Ich mag gar nicht daran denken, dass wir uns mal trennen, aber ich glaube, das ist einfach der Lauf der Zeit", ganz philosophisch spreche ich aus, was ich gerade so denke.

Fridolin meldet sich auch zu Wort: „Diese Zeit mit euch werde ich nie vergessen und werde unsere Geschichte auch allen erzählen."

Bevor wir jetzt ganz in Trübsal verfallen, stupse ich meine Gefährten an und ermuntere sie zum Weiterkrabbeln.

Und bevor ich das so richtig realisiere, tut sich ein großes Loch auf und ich purzele hinunter.

„Anton, Anton … Wo bist du?", Fridolin lässt sich langsam an seinem Spinnenfaden herab.

Ein Stück weiter unten muss ich mich wieder mühsam aufrappeln.

„Bleib bitte oben, ich versuche erst einmal, ob ich alleine aus dem Loch komme."

Also klettert Fridolin an seinem Faden wieder nach oben. Jetzt versuche ich es. Nur mit allergrößter Mühe kann ich ein Stück hochkrabbeln. Leider rutscht in dem Moment wieder etwas Erde nach und ich rutsche immer tiefer in dieses Loch.

„Hilfe, Hilfe", jetzt rufe ich doch fast panisch nach Fridolin, aber der ist ja schon wieder oben und hört mich nicht mehr.

„Na gut, wenn sie merken, dass ich nicht alleine hochkomme, dann werden sie sicher nach mir sehen", mit dieser Überlegung mache ich mir selbst Mut.

Eine ganze Weile vergeht und niemand kommt. Langsam sehe ich die Schatten dunkler werden, das heißt, es wird Nacht. Oh je, was kann alles passieren? Ich möchte mich nicht selbst ängstigen, deshalb suche ich mir in dem Loch erstmal ein Plätzchen, um die Nacht einigermaßen geschützt zu verbringen.

Kaum ist es ganz dunkel, sehe ich eine geisterhafte Erscheinung. Bevor ich richtig Angst bekommen kann, stelle ich fest: So ein Tier kenne ich doch!

„Bist du nicht Perlimake, die schöne Florfliege?", erkundige ich mich vorsichtig.

„Nein, mein Name ist Adrea, aber ich kenne Perlimake, das ist eine sehr gute Freundin von mir. Sie hat mir von euch erzählt. Du bist doch Anton Meise, auch Ameise genannt? Wo sind deine Freunde?"

Ich erzähle Adrea von meinem Missgeschick.

„Das ist doch nicht schlimm. Bleibe einfach hier, ich sehe oben mal nach."

Adrea schwirrt aus der Grube und kommt nach kurzer Zeit wieder.

„Ich kann die beiden nicht finden, aber es ist ja schon dunkel. Jetzt warte einfach die Nacht ab. Abend noch hier bist, helfe ich Falls du morgen dir dann!"

Adrea schwirrt davon.

Ich verstehe nicht ganz, warum Fridolin nicht nochmal nach mir geschaut hat und La nicht zu mir herunter geflogen ist. Hoffentlich ist da oben nichts passiert.

Gut, dass ich nicht weiß, dass La und Fridolin von einem Frosch verfolgt werden und selber um ihr Leben fürchten müssen.

Ich habe jetzt ein schönes Plätzchen in dem Loch gefunden und verkrieche mich, um ein Schläfchen zu halten.

Am anderen Morgen werde ich früh wach und sehe mir erst nochmals an, ob ich nicht doch alleine einen Weg aus diesem Loch finde. An der einen Seite sehe ich Wurzeln von Gras und Blumen. Ganz langsam krabbele ich daran hoch und passe auf, dass keine Erde herunterfällt. Es ist mühselig, aber Stück für Stück schaffe ich es.

Endlich kann ich schon über den Rand sehen. Kein Fridolin, keine La. Wo sind sie denn hin? Wo haben sie die Nacht verbracht? Sie werden mich doch nicht alleine gelassen haben?

Schlagartig werde ich ganz traurig.

Nein!!!! So etwas machen meine Freunde nicht!!!

Bevor ich weiter überlegen kann, höre ich schon La mit ihrer niedlichen piepsigen Stimme nach mir rufen. Auch Fridolin höre ich, der schnauft richtig beim Rufen.

Kurze Zeit später stehen sie wieder vor mir.

„Was ist passiert, was war los, wo ward ihr, warum seid ihr weggelaufen????", ich rattere die Fragen herunter, ohne Luft zu holen.

„Ganz langsam", La setzt sich auf die Erde, „lass uns erst verschnaufen, dann erzählen wir dir, was los war. Es freut mich ja sehr, dass du es alleine aus diesem Loch geschafft hast."

„Wir haben gerade überlegt, wie wir dir am besten helfen können, als La gesehen hat, dass ein Frosch heranhüpft – im letzten Moment. Seine lange Zunge hatte La schon fast erreicht, als ich ganz schnell einen Spinnenfaden nach ihm geworfen habe. Da war er kurz abgelenkt, und La konnte sich außer Reichweite begeben.

Jetzt musste ich zusehen, dass ich wegkam, denn der Frosch wollte mich fangen. Also habe ich ganz schnell einen Faden über einen Halm geworfen, daran gezogen und mich wie einen Pfeil in die Luft schleudern lassen. Der Frosch hat ganz verblüfft nichts mehr getan und ist weitergehüpft. Ich konnte mich an einem Blatt dann ganz langsam wieder herunter hangeln.

Durch diese Aktion waren wir ein ganzes Stück von dem Loch in der Erde entfernt, und dann wurde es auch schon dunkel. Also haben wir uns eine Höhle gesucht und die Nacht abgewartet", Fridolin schnauft laut vor lauter Erzählen, dann meint er: „Wir freuen uns doch sehr, dass du es alleine aus dem Loch geschafft hast und wir wieder zusammen sind."

La stimmt Fridolin zu und will dann aber wissen: „Sollen wir weitergehen, oder hier abwarten, bis Elaine wieder zurückkommt?"

Es ist gar keine Antwort nötig. Bevor einer antworten kann, hören wir ein Surren in der Luft:

Eliane ist wieder zurück!

„Meine liebe La,
ich bin wieder da,
habe mit vielen geflogenen Runden
die Marienkäfer gesucht und gefunden.
Da hast du aber Glück gehabt,
deine Familie ist doch glatt
gerade zu den anderen gestoßen.
Wären also im Ganzen und Großen
sehr erfreut, dich wiederzusehen,
müsst also sagen: Auf Wiedersehen!"

Als ich das höre, werde ich ganz traurig.

La hingegen ist ganz nervös und aufgeregt. Sie schaut uns an und spricht dann leise: „Es war eine schöne Zeit mit euch, aber ich werde zu meiner Familie zurückkehren. Bitte behaltet mich in guter Erinnerung."

„Ich werde dich nie vergessen," meint Fridolin geknickt.

„Bleib wie du bist und passe auf dich auf," meiner Stimme hört man an, dass ich sehr, sehr traurig bin, „vielleicht sieht man sich ja wieder."

Eliane steht dabei und sagt gar nichts.

La putzt ein Tränchen aus den Augen und schwirrt in die Luft.

Wir schauen ihr hinterdrein und sind einfach nur traurig.

„Lasst uns froh sein,
hat La doch fein,
ihre Familie wiedergefunden.
Hattet viele schöne Stunden
miteinander verbracht,
deshalb wird jetzt doch nicht Nacht
in unseren Herzen,
werdet es bestimmt verschmerzen.
Freuen uns sehr mit La
und finden die Welt einfach wunderbar."

Mit diesen Worten schwirrt Eliane unserem Marienkäfer La hinterher und beide fliegen davon.

„Jetzt sind wir beide alleine", seufzt Fridolin, „ich werde aber auch bald entweder meine Familie wiederfinden oder eine eigene gründen."

„Du hast recht, das Leben geht weiter, und ich sollte auch mal nachsehen, was mein Staat so macht", mit diesen Worten helfe ich mir selbst, denn Trübsal blasen ist einfach nicht gut.

„Meinst du, wir finden eine Hilfe, damit wir wieder heile über die Straße kommen?", ich höre mich doch etwas verzagt an.

„Ich möchte erst noch eine Nacht auf dieser Seite verbringen, wenn es dir nichts ausmacht. Vielleicht finden wir morgen jemanden", Fridolin guckt mich bei diesen Worten fragend an.

Bevor ich antworten kann, hören wir jemanden reden.

„Was kommt da jetzt auf uns zu?", ich horche gespannt, während Fridolin sich sicherheitshalber unter einem Blatt versteckt.

„Meinst du?"

„Ja, wenn du das auch meinst."

„Lass uns ..."

„... weiterlaufen."

Bevor ich so richtig realisiere, dass sich da zwei Käfer unterhalten, sind sie schon fast bei uns.

„Was seid ihr denn für hübsche Käfer?", ohne, dass ich Angst bekommen habe, frage ich gleich los.

„Oh, wir sind ..."

„... Rosenkäfer."

Die sehen vielleicht mal schön glänzend aus. „Wie heißt ihr denn?", frage ich gleich weiter.

„Ich heiße Hina und ..."

„... ich heiße Fini."

„Wir sind ..."

„... Zwillinge."

Es ist richtig anstrengend den beiden zuzuhören. Sie wechseln sich immer ab mit dem Reden, und ich muss mächtig aufpassen.

Aber gut, dass ich in der Schule mal aufgepasst habe: „Vor euch brauchen wir also keine Angst zu haben? Ihr mögt am liebsten Pflanzensäfte und Pollen, liege ich da richtig?"

„Da hast ..."

„... du recht."

„Wer seid ..."

„... ihr denn?"

Bevor ich die Frage beantworten kann, wagt Fridolin sich aus seinem Blätterversteck hervor und stellt uns beiden vor.

„Oh, von euch haben wir ..."

„... auch schon gehört. Ward ihr ..."

„… nicht zu dritt?"

Daher erkläre ich den hübschen Käfern, dass La wieder zu ihrer Familie geflogen ist und auch wir uns auf dem Heimweg befinden.

„Seid nicht …"

„… traurig."

„Freunde behält man …"

„… für das ganze Leben …"

„… im …"

„… Herzen", trösten uns die Rosenkäfer einfühlsam.

„Vielleicht sieht …"

„… man sich wieder. Wir gehen …"

„… jetzt weiter. Eine gute Zeit …"

„… wünschen wir euch!"

Auch wir verabschieden uns von diesen sehr hübschen, metallisch grünlich schimmernden Käfern, und die zwei krabbeln weiter.

Unterwegs sehen wir noch eine sehr große Gruppe von Laufkäfern – aber die kennen wir schon, weil wir ja Konrad, den eiligen Laufkäfer, getroffen haben.

Im Gegensatz dazu kennen sie uns jedoch nicht. „Hallo, hallo, wer seid ihr?", der erste Laufkäfer hält an, die anderen stellen sich neben ihm auf.

Na, die wollen uns doch wohl nichts tun? Nein, ganz bestimmt nicht.

„Ich bin Anton Meise, genannt Ameise, und das ist die vegetarisch lebende Spinne Fridolin", ich sage das ganz zögerlich, aber bin gleich beruhigt, als der größte der Laufkäfer lacht.

„Bitte habt keine Angst vor uns. Seid ihr nicht ein Teil des Teams **ALF**? Wir haben schon so viel von euch gehört. Wo ist die Dritte aus eurem Bunde? Damit ihr wisst, mit wem ihr es zu tun habt, möchte ich uns vorstellen.

Unsere Namen sind Dnaniel, Danie, Dennie, Danne, Durt, Dutta, Dany, Digitte, Derwin, Daby, Deidi, Dlaus, Doris, Dydia, Dagnes, Dsu, Danuele, Drista, Druno, Deronika, Daya, Darl, Dirgit, Dieter, Danni, Derda und Dudwig.

Wir haben nach euch gesucht, weil wir es nicht glauben wollten, dass es so etwas wie euch gibt."

„Ja, wir sind ein Teil des Teams. Unsere Klarabella, genannt La, ist eben erst zu ihrer Familie zurückgekehrt", immer noch tut es ein bisschen weh, wenn ich das sage.

„Wieso habt ihr eigentlich alle Namen mit „D" am Anfang? Wir haben schon mal einen Laufkäfer getroffen, aber der hieß Konrad", vielleicht war meine Frage zu neugierig, aber ich möchte es einfach wissen.

„Das hat den Grund, dass wir aus einer großen Familie kommen und bei uns fangen die Namen immer mit demselben

Buchstaben an", der größte der Laufkäfer – ich glaube, er hatte sich als Dnaniel vorgestellt – klärte mich ganz locker auf und meinte dann: „Wir haben uns sehr gefreut, dass wir euch getroffen haben, und bevor wir weiterlaufen, wünschen wir euch einen guten Heimweg. Tschüs!"

Nun schreitet die ganze Herde Laufkäfer an uns vorbei und jeder einzelne verabschiedet sich mit einem „Tschüs!" von uns. Als alle an uns vorbeigeozogen sind, sehen wir uns müde an.

„Jetzt wird es Zeit, dass wir ein bisschen ruhen, bevor noch mehr ankommen und uns bestaunen," meint Fridolin und gähnt herzhaft.

„Das machen wir," ich fange schon mal an, mich umzusehen, ob wir irgendwo eine kleine Höhle finden.

Als wir eine geeignete Unterkunft gefunden haben, laben wir uns erst einmal an Blumenstängeln und verkriechen uns dann.

„Schon komisch, so ohne La," Fridolin sagt es ganz leise und ich tue so, als wenn ich es nicht höre, sondern mache gleich die Augen zu.

Ganz früh am anderen Morgen werden wir durch lautes Rufen geweckt: „Anton, Fridolin! Anton, Fridolin, wo seid ihr?"

Als wir verschlafen aus unserer kleinen Höhle kriechen, hopst ein aufgeregter Adalbert Hochsprung um uns herum.

„Wie kommst du hierher?", Fridolin reibt sich ungläubig die Augen.

„Gestern kam da ein reimender Bockkäfer auf mich zugeflogen und hat mir versucht klarzumachen, wo ihr seid und dass ihr Hilfe braucht beim Überqueren der Straße. Also habe ich mich heute Morgen auf den Weg gemacht, bin über die Straße und habe euch gesucht."

Das kann natürlich nur Eliane gewesen sein! Wieder einmal hat sie uns geholfen und das ist nicht selbstverständlich! Ich hoffe nur, dass sie uns auch fragt, sollte sie mal Hilfe benötigen.

„Wir freuen uns sehr, dich zu sehen," ich bin sehr gerührt über so viel Hilfsbereitschaft.

„Dann werden wir uns der Sache mal annehmen", Adalbert schaut uns unternehmungslustig an und fragt: „Wisst ihr noch, wie das war? Wichtig ist einfach, dass ihr gut aufpasst."

Fridolin und ich nicken. Selbstverständlich wissen wir noch, dass man an der Straße sehr gut auf die Blechdinger – ich meinte natürlich Autos – aufpassen muss.

„Also dann bitte nebeneinander aufgestellt und mein Kommando abgewartet!", kommandiert Adalbert und springt ganz hoch, damit er die Straße überblicken kann.

„Jetzt ist gerade frei, nichts wie rüber!"

So schnell uns die Beine tragen können, so schnell rennen wir in gerader Linie über die Straße.

Adalbert hopst mit und ist natürlich zuerst auf der anderen Seite.

Geschafft, alles gut gegangen, wir sind drüben!

Teil 3

Wir bedanken uns sehr bei Adalbert, weil er uns wieder so toll geholfen hat, heile über die Straße zu kommen.

Adalbert hüpft herum und meint dann: „Kein Problem, habe ich gerne gemacht. Passt weiterhin gut auf euch auf, ich werde jetzt mal sehen, ob ich meinen Freund Herr Brzkem finde."

Adalbert springt los, und wir rufen ihm noch einen Gruß an Herr Br...?? – wie soll man diesen Namen bloß aussprechen?!? – hinterher.

„Jetzt müssen wir gut auf die Kühe aufpassen," warnt Fridolin, „nicht, dass sie uns im Gras nicht sehen."

Kaum hat er das ausgesprochen, bellt es ganz laut.

„Hallo, meine Freunde", Beller kommt aufgeregt angesprungen, „Eliane hat mir gestern gesagt, dass ihr heute über die Straße kommen werdet, und ich habe schon den ganzen Morgen nach euch Ausschau gehalten."

„Das ist ja schön, dass wir dich hier sehen. Was machst du auf dieser Seite der Straße?" will Fridolin wissen.

„Mein Mensch hat gemeint, dass hier das Gras doch sehr saftig aussieht, und da sind wir halt umgezogen", Beller hält seine Ohren ganz dicht über uns, damit wir nicht so laut schreien müssen.

Als sich Beller umdreht, steht das Schaf Hanniball vor ihm.

„Was willst du? Pass auf deine Mitschafe auf und steh hier nicht so rum", Beller stupst Hanniball an.

„Ich bin nur hier, weil dein Mensch dich sehen möchte", Hanniball dreht sich leicht beleidigt herum und stampft davon.

„Ja gut, dann muss ich wohl gehen. Vielleicht sieht man sich ja irgendwann wieder. Ich sage den Schafen noch Bescheid, dass sie aufpassen, was sie fressen. Bleibt gesund und tschüss!"

Unter lautem Bellen rennt Beller davon.

Kaum ist Beller nicht mehr zu hören, dringt ein seltsames Geräusch an unsere Ohren.

„Sssssooooo waaaaassssss, jetzzzzt habe ich doch glatt vergeeeeessssssen wo meine Höhle iiiiissssst."

„Pass gut auf, das ist eine Blindschleiche,"

flüstert mir Fridolin zu, „die mögen gerne solche kleinen Krabbler wie uns."

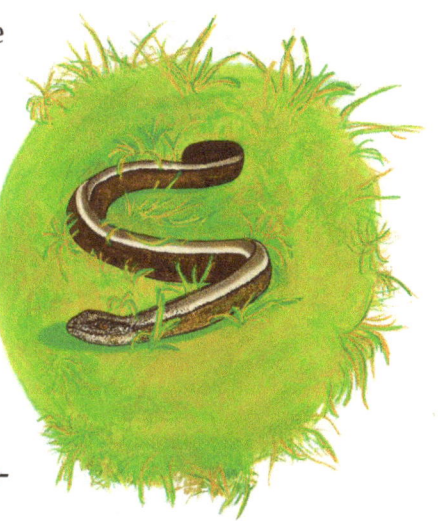

Nichts wie weg! Fridolin und ich verstecken uns unter ein paar Blättern.

Kurze Zeit später wird die Blindschleiche wohl ihren Bau gefunden haben, denn es ist nichts mehr von ihr zu sehen oder zu hören.

„Sind Blindschleichen Schlangen?", will ich von Fridolin wissen.

„Nein, das ist nicht richtig, sie gehören zu der Gattung »Schleichen«, das ist eine Echsenart. Sie *gleichen* nur den Schlangen."

Fridolin weiß aber noch mehr zu erzählen: „Und auch wenn ihr Name es vermuten lässt: Sie sind gar nicht blind. Sie sind lediglich farbenblind und haben eine eingeschränkte Sehleistung. Übrigens fressen sie gerne Schnecken, Regenwürmer, Heuschrecken, Käfer und so kleine Krabbler wie uns."

Jetzt habe ich wieder so viel gelernt. Gut, dass Fridolin bei mir ist, sonst hätte ich die Gefahr bestimmt nicht erkannt.

Währenddessen sind ein paar Kühe in unsere Richtung gekommen. Bevor wir uns bemerkbar machen können, muht die

erste Kuh: „Keine Angst, Beller hat uns schon vorgewarnt, dass ihr wieder auf dieser Wiese seid. Meine Herde weiß Bescheid und passt genau auf, dass ihr nicht aus Versehen im Futter landet."

Fridolin bedankt sich artig auch in meinem Namen, und wir ziehen weiter und freuen uns, dass wir leben und die Sonne scheint.

„Mal sehen, wo sollen wir eigentlich hin?", Fridolin schaut sich um, „wir können mal dahinten zwischen den Gräser entlangkrabbeln. Was meinst du?"

„Das ist gut, also los."

Ich muss immer noch an La denken und werde dann einfach traurig, obwohl ich mich ja gleichzeitig für sie freue.

„Oh, versteck dich; ich glaube, da kommt eine Spinne", Fridolin stellt sich schnell vor mich.

Es raschelt leicht, und eine kleine, hübsche Spinnendame spinnt ein seidenweiches Netz zwischen zwei Blättern.

Fridolin wagt sich etwas näher heran, da entdeckt ihn die Spinnendame.

„Wer bist du denn?", haucht sie in Richtung Fridolin.

„Ich heiße Fridolin und bin eine vegetarisch lebende Spinne", Fridolin wird ganz verlegen.

„Das freut mich ja ungemein, dass es noch mehr vegetarisch lebende Spinnen gibt. Meine Familie und Freunde lachen immer über mich, aber ich mag nun mal kein Fleisch", die kleine, hübsche Spinnendame schaut Fridolin sehr genau an.

Fridolin freut sich ebenfalls sichtlich, dass er eine gleichgesinnte Seele gefunden hat. „Dann kann ich dir ja bedenkenlos meinen Freund vorstellen? Aaaanton, komme mal bitte her!"

Fridolin schreit so laut, dass ich mich richtig erschrecke.

„Ich bin ja direkt hinter dir, du brauchst gar nicht so laut zu brüllen", sage ich und stelle ich mich der hübschen Spinnendame vor, „guten Tag, ich bin Anton Meise, auch Ameise genannt."

„Guten Tag, mein Name ist Moni, was macht ihr hier? Wo wollt ihr hin? Ihr könnt ja auch hierbleiben", die kleine Spinne verhaspelt sich fast beim Reden.

„Also *ich* gehe weiter und suche meinen Staat", verkünde ich und wende mich an Fridolin, „möchtest du hier bleiben?"

Fast wünsche ich mir, dass Fridolin mit mir kommt, aber bei meinem Ameisenstaat wäre er bestimmt nicht gut aufgehoben.

Fridolin schaut mich an und meint dann: „Wenn du möchtest, gehe ich mit dir. Wir haben gerade La verabschiedet und ich möchte nicht, dass du meinst, alle deine Freunde lassen dich alleine."

„Nein, Fridolin, das denke ich bestimmt nicht", meine Stimme hört sich dennoch verzagt an, „ich weiß, dass wir uns irgendwann trennen müssen, und hier wäre jetzt jemand mit den gleichen Interessen wie du. Deshalb bin ich dir nicht böse, wenn du dich entscheidest, hier zu bleiben und die Spinnendame näher kennenzulernen."

„Ich glaube, du hast recht und ich bleibe hier", Fridolin sagt es mir ganz leise und wirkt dabei fast verlegen, „ich könnte mir ein Leben mit der hübschen Spinnendame vorstellen."

„Dann werde ich mich verabschieden und wünsche euch noch ein wunderschönes Leben. Vergiss mich nicht!", ganz traurig wende ich mich ab.

„Du warst und bist mein bester Freund. Es war eine schöne und aufregende Zeit mit dir. Natürlich vergesse ich dich nicht, und vielleicht sieht man sich ja mal wieder."

Das war eine lange Rede von Fridolin. Schnell haste ich weiter, damit er mein trauriges Gesicht nicht sehen muss. Jetzt gibt es kein Team **ALF** mehr. Ich bin alleine und auf dem Weg nach Hause. Mal sehen, was mich da erwartet.

Sollte ich wieder zum Unterricht gehen dürfen, passe ich besonders gut auf, denn ich habe festgestellt, dass man viel lernen muss im Leben.

Nachdem ich ein gutes Stück gekrabbelt bin, sehe ich einen braunen Wurm auf mich zukommen.

„Aha, ein Regenwurm," denke ich, „mal sehen, was er will."

Der Regenwurm schaut mich aber nur böse an und verschwindet schnell unter der Erde.

Bevor ich denken kann, was dies für ein unhöflicher Wurm ist, sehe ich einen Tausendfüßer unter einem Stück Holz hervorkrabbeln.

„Dachte doch, ich kenne dich. Bist du nicht Anton Meise?", bei diesen Worten richtet er sich auf, verhaspelt sich mit seinen Füßen und muss sich erst einmal wieder entwirren.

Es hört sich immer so extrem an, aber ein Tausendfüßer besitzt gar keine so große Anzahl von Füßen. Normalerweise kann er maximal bis siebenhundertfünfzig Beine haben, es sind meistens aber nicht mehr als einhundert.

„Ja, ich bin Anton Meise, genannt Ameise und du bist Otto der Tausendfüßer, habe ich recht?", ich kenne ihn doch noch aus den Anfängen unseres Abenteuers.

„Ja, Otto hat mich meine Mutter genannt. Wo sind deine Mitglieder aus dem Team **ALF** geblieben?", Otto wusste sogar noch unseren Team-Namen.

„La hat ihre Familie wiedergefunden und Fridolin hat jemanden kennengelernt und möchte seine eigene Familie gründen", als ich das laut ausspreche, muss ich erst einmal schlucken, so weh tut das noch.

„Ja, gut, ich muss weiter, habe mir auch eine Frau genommen und jetzt erwarten wir Nachwuchs. Also einen guten Weg weiterhin", Otto dreht sich um, stolpert nochmals und ist unter dem Holz verschwunden.

Als ich dann weiterkrabbele, sehe ich noch von weitem einen wunderschönen Schmetterling. Er schlägt mit den Flügeln und ruft zu mir: „Hallo Anton Meise, ich habe schon viel über euch gehört. Mein Name ist Nelanie, und ich freue mich, dich kennengelernt zu haben."

„Die ist ja ganz gelb, das ist wohl kein Tagpfauenauge", denke ich noch, als ich versehentlich gegen eine Kellerassel stolpere.

„Pass doch auf, wo du hintrittst!", schimpft die Assel.

„Entschuldige bitte, es tut mir leid, aber ich war so in Gedanken."

Meine Entschuldigung kommt wohl nicht so gut an, denn die Kellerassel dreht sich wortlos um und huscht davon.

Jetzt ist dieser schöne Schmetterling auch weitergeflogen. Ja, gut, bevor noch mehr passiert, suche ich erst einmal ein stilles Plätzchen um Übernachten.

Meine Augen fallen schon fast zu, als ich eine klitzekleine Höhle finde und mich darin verkrieche.

Am anderen Morgen bin ich immer noch etwas traurig, freue mich aber langsam auch auf meinen Staat und vor allem auf Amelia.

Ich setze meinen Weg fort und träume so vor mich hin, da purzele ich über eine Kugel, wie ich sie von Bällo aus unserem ersten Abenteuer kenne. Leider kann ich ihn nicht finden, obwohl ich überall nachsehe. Es hätte mich doch gefreut, ihn wiederzusehen.

Stattdessen kommt ein anderer Käfer, der fast genau wie Bällo aussieht: „´Allo, wer bisd du denn? Isch ´eiße Frederike und gomme aus Frankreisch."

Fast hätte ich den Käfer nicht verstanden, konnte mir dann aber alles zusammenreimen. Ich habe mich vorgestellt – und war irgendwie überrascht, dass mich der Käfer nicht kannte. Aber das kann ja sein, wenn er jetzt erst aus Frankreich gekommen ist.

Bevor ich noch mehr sagen konnte, ist der Käfer mit seiner Kugel weitergezogen. Auch ich mache mich weiter auf den Weg und habe nicht so sehr auf die Umgebung geachtet. Denn mit einem Mal stehe ich vor einem ganz komischen Tier: Es hat sechs Beine, ist ganz grün – und sehr groß, jedenfalls für mich.

„Was bis du denn?" Jetzt habe ich keine La und keinen Fridolin, die mir sagen, was für ein Tier das ist.

„Ich bin ein Gliederfüßer, gehöre zu den Fluginsekten und bin eine Wanze."

Bevor ich was sagen kann, nimmt sie mir meine Angst: „Ich bin ein Pflanzensauger, das heißt, du brauchst keine Angst vor mir zu haben."

„Hast du auch einen Namen?", meine Neugierde ist wie immer grenzenlos.

„Ich heiße Wemdelin, und wer bis du? Bist du ganz alleine unterwegs? Das ist doch gefährlich", die Wanze schaut mich an.

„Ich heiße Anton Meise, auch Ameise genannt. Ich war nicht immer alleine, sondern mit einem Marienkäfer und einer Spinne unterwegs. Wir haben ganz viele Abenteuer erlebt – und jetzt bin ich wieder auf dem Weg nach Hause", meine Stimme ist immer noch nicht so fest, wenn ich über La und Fridolin rede.

„Ja, ich habe von einem Team **ALF** gehört, wart ihr das? Im Reich der Krabbler werden Geschichten über euch erzählt. Es ist mir eine Ehre, dich kennengelernt zu haben. Ich muss jetzt weiter, aber ich wünsche dir weiterhin einen guten Weg", die Wanze ruckelt ein bisschen und fliegt dann davon.

Durch den Luftzug falle ich erst einmal um, aber es ist nichts passiert. Dann krabbele ich weiter.

Teil 4

Auf dem weiteren Weg zurück zu meinem Bau sehe ich einen kleinen Silberfisch vorbeirennen und beobachte einige Honigbienen bei ihrer Arbeit. Ich passe auf, dass mich keine Tiere erwischen, für die ich Futter bin.

Von weitem sehe ich Fliegen, einen großen Vogel, einen Frosch und einige schöne Schmetterlinge. Jetzt kenne ich viele Tiere. Es war wirklich gut, dass ich La und Fridolin getroffen habe. Ich konnte sehr viel von ihnen lernen.

Es war toll, Freunde gefunden zu haben. Wir haben aufeinander aufgepasst, uns geholfen – und das, obwohl wir ganz unterschiedlich sind, einer anderen Rasse angehören und eigentlich Feinde sind.

Meine Gedanken sind mal wieder bei La und Fridolin.

So voller Überlegungen wäre ich fast an dem Stein, an dem alles anfing, vorbeigekrabbelt.

Ich bleibe erst einmal stehen und lasse unsere vielen, tollen, aufregenden und manchmal gefährlichen Abenteuer noch einmal in Gedanken aufleben.

So viele unterschiedliche Lebewesen haben wir kennengelernt und so viel Neues erfahren, es war einfach eine schöne Zeit! Dann, nach einer ganzen Weile, krabbele ich weiter.

Jetzt ist es nicht mehr weit bis zu unserem Bau, ich bin ja doch etwas aufgeregt.

Vor lauter Aufregung achte ich gar nicht mehr so sehr auf mein Umfeld.

Da krabbelt doch was? Was ist das denn? Die sehen ja aus wie der Feuerkäfer Karl-Heinz.

Mit ausreichendem Abstand wage ich es, einen der Käfer anzusprechen: „Was bist du denn? Muss ich mich vor dir in Acht nehmen? Ich bin Anton Meise, und wie heißt du?"

„Ah, du bist also einer aus diesem Team? Wir haben schon von dir gehört. Wir sind Feuerkäfer. Ihr habt unterwegs den Karl-Heinz getroffen, der hat uns von euch erzählt. Mein Name ist Ascha, und wir sind auf dem Weg nach Hause. Da sind noch Liva, Artin, Hilipp, Dandrea, Daroline und Husanne. Vielleicht gehst du bitte weiter, nicht, dass wir dir aus Versehen etwas antun. Wir sind auf dem Weg zu unseren Familien. Wir alle sprechen oft über dich und dein Team. Leider konnten wir die anderen beiden jetzt ja nicht kennenlernen, das ist wirklich schade."

Ich schaue mir die Feuerkäfer genau an und erkenne eigentlich keine Unterschiede. Woher wissen die immer, wer wer ist?

„Hat Harl-Keinz- entschuldige, ich meine natürlich Karl-Heinz - seine Familie erreicht? Das freut mich ja."

Als alle anfangen zu lachen, weil ich mich versprochen habe, bin ich schnell weitergekrabbelt und rufe noch von weitem einen Abschiedsgruß und einen besonderen Gruß an Karl-Heinz.

Die Käfer sind auch bald nicht mehr zu sehen.

Jetzt will ich aber endlich den Weg in Richtung Zuhause einschlagen!

Kaum denke ich das, höre ich schon jemanden sehr schimpfen. „Geht schneller, zwei, drei, vier. Schneeelller!!!"

„Das ist doch die strenge Aufseherin", schießt mir die Erinnerung in den Kopf – und da kommt schon ein Trupp Ameisen um die Ecke.

„Wer bist du? Was willst du hier? Kenne ich dich nicht? Du gehörst in den Bau!", die Sätze der strengen Aufseherin prasseln auf mich ein.

„Ich bin Anton, Anton Meise", ganz zaghaft sage ich das, „ich bin auf Wanderschaft gewesen und wollte wieder nach Hause."

Die Aufseherin guckt ganz streng, dreht sich um und kommandiert: „Sofort einkesseln und in den Bau geleiten, nicht, dass er wieder abhaut!"

Oh je, was macht die Aufseherin mit mir?! Alle Arbeitsameisen sehen mich ganz böse an.

Es ist noch ein ganzes Stück Weg bis zum Bau, und ich stolpere mehr, als dass ich richtig laufe. Meine Beine sind ganz zittrig.

Die Ameisenaufseherin feixt ein bisschen und meint: „Seht euch mal diesen Helden an, da war er doch eine lange Zeit verschwunden, taucht wieder auf und hat jetzt ganz viel Angst, was mit ihm passiert."

Die anderen Ameisen verziehen keine Miene.

Nach einem strammen Marsch sind wir endlich am Eingang des Ameisenbaus angekommen.

Was ist hier für ein Gewusel und Gefusel, es hat sich nichts verändert, seit ich weggegangen bin.

Die Arbeitsameisen haben mich am Eingang bei den Wächterinnen stehengelassen. Jede Ameise, die vorbeiläuft, schaut mich an; ich höre sie wispern: „Das ist Anton Meise, der ist einfach davongelaufen, er hat Amelia im Stich gelassen, sie war seine Amme."

Oh, was ist mit Amelia passiert? Hoffentlich ist ihr nichts zugestoßen. Warum spricht niemand mit mir? Warum gibt mir niemand Auskunft auf meine Fragen?

Ich bin ganz konfus, als ich höre: „Platz da, Platz für die Königin!"

Alle Ameisen neigen den Kopf und stellen sich so auf, dass eine Gasse bis zu mir gebildet wird.

Jetzt kommt die Königin. Will sie mich etwa bestrafen, weil ich gegangen bin?

Ganz langsam kommt die Königin auf mich zu. Ich traue mich nicht hochzusehen.

„Hallo Anton, endlich bist du wieder da."

Diese Stimme kenne ich doch? Das ist doch ... Amelia????

„Amelia, bist du das?", ich schaue hoch und kann es bald nicht glauben. Amelia ist unsere neue Königin!

„Es heißt: Eure Majestät!", die Aufseherin zwickt mich ins Bein, dass ich kurz aufschreie.

„Lasst Anton in Ruhe!", diese schneidende Stimme hätte ich Amelia nicht zugetraut. Was ist nur passiert?

„Geleitet Anton zu meinen Gemächern, ich komme auch gleich dazu."

Amelia neigt noch einmal huldvoll ihren Kopf und schreitet zurück in den Bau.

Die Aufseherin, die immer so böse ist und mich ins Bein ge-zwickt hat, fordert mich auf, ihr zu folgen. Ich krabbele wie im Traum in den Raum der Königin und wundere mich immer noch.

„So Anton, jetzt können wir uns unterhalten", Amelia steht hinter mir und bittet eine Arbeiterin, uns ein bisschen Blüten-tau zu holen.

„Wie ich schon aus einigen Erzählungen gehört habe, hast du mit einem Marienkäfer und einer vegetarisch lebenden Spinne wohl einige Abenteuer erlebt. Es wundert mich nicht, warst du doch immer anders als die anderen", Amelia blickt mich an und lächelt.

„Ich weiß, ich war einfach immer anders, deshalb musste ich gehen und die große, weite Welt erkunden. Meine Familie, meine Verwandten und auch meine Freunde haben mich nie verstanden – nur bei dir hatte ich immer das Gefühl, dass du mich verstehst", meine Stimme wird fester, je länger ich rede.

Amelia nickt bedächtig. „Ja, es hat mich nicht gewundert, dass die Königin dir damals einen besonderen Namen gegeben hat. Bei mir war es ja von Anfang an klar, dass ich eines Tages Königin werde. Deshalb habe ich auch einen Namen bekommen."

„Ich wusste das nicht, dann hätte ich mir das doch vielleicht überlegt mit dem Davonlaufen", es ist mir richtig peinlich, dass ich das damals nicht mitbekommen habe.

„Hättest du weniger Unsinn gemacht und besser in der Schule aufgepasst, dann hättest du das gewusst. Aber ich bin dir nicht böse, und die vorherige Königin war es auch nicht. Wir wussten, dass du hinaus in die Welt musstest, und genauso haben wir gewusst, dass du eines Tages wieder zurückkommst", Amelia sieht mich ganz lieb an.

„Was ist passiert, dass du Königin wurdest?", die Frage ist vielleicht vermessen, aber möchte zu gerne wissen, warum

Amelia jetzt Königin ist und was mit der vorherigen Königin passiert ist.

„Es ist schon einige Zeit her, an einem wunderschönen Tag. Die Königin wollte einen Ausflug machen und ist bis vor den Bau gegangen, um eine kurze Runde zu fliegen. Eigentlich tun die Königinnen das nicht, aber wir waren schon immer ein besonderes Volk. Jedenfalls hat sie sich in die Luft erhoben, als auf einmal eine große Wespe angeflogen kam und sie einfach geschnappt hat. Wir konnten leider nichts mehr machen. Die Wespe braucht für ihre Larven ab und zu etwas tierisches Eiweiß, deshalb kann man niemanden einen Vorwurf machen."

Amelia ist etwas bedrückt, al sie die Geschichte erzählt. Dann aber schüttelt sie kurz die trüben Gedanken ab und verkündet: „Ab dem Tage war ich dann die Königin!"

Amelia schaut jetzt richtig königlich.

Und nun sagt sie etwas, das mich noch mehr erstaunt: „Ich möchte gerne, dass du – entgegen der Tradition – unsere

Nachkommen in der Ameisenschule unterrichtest. Du hast so viel erlebt, sicher nicht immer was Gutes. Du hast sicher festgestellt, dass die Welt voller Gefahren sein kann, aber dass es auch schöne Dinge zu berichten gibt. Deshalb habe ich das beschlossen. Jetzt muss ich es nur noch anweisen."

Amelia schickt nach ihrer Oberaufseherin.

Das ist doch schon wieder diese strenge Ameise, die mich drangsaliert hat.

Als Amelia anweist, dass ich zur Ameisenschule gebracht werden sollte und in Zukunft als Lehrer arbeiten werde, schaut die Oberaufseherin ziemlich verbissen zu mir.

„Der weiß doch selber nichts! Wie soll so einer andere unterrichten?", die Oberaufseherin will nicht gehorchen, „das haben wir ja noch nie gemacht, das ist was ganz Neues, ich bin dagegen und werde ihn nicht zur Ameisenschule bringen."

„Du tust, was ich dir sage, sonst muss ich eine andere Oberaufseherin bestimmen, und du wirst zur Eingangswache abkommandiert. Willst du das?", Amelia hört sich wahrhaftig königlich an, als sie das zu der Oberaufseherin sagt.

Die erwidert nichts mehr, steht ganz stramm und meint dann kleinlaut: „Natürlich wird es so gemacht, wie du es wünscht."

Mich hat niemand gefragt. Ich soll Lehrer sein? Dazu bin ich doch gar nicht geeignet. Zaghaft wage ich einzuwenden: „Ich sollte doch selbst noch so viel lernen, ich kann doch den anderen nur beibringen, was ich erlebt habe."

Amelia lächelt gütig und meint: „Genau, das ist es. Du kannst von den anderen lernen, und gleichzeitig wirst du den anderen etwas beibringen. Du hast viele Abenteuer erlebt, viele Dinge, die wir hier im Bau nie erleben werden. Aber für uns und die nachfolgenden Generationen werden deine Erlebnisse wichtig sein, falls sich unsere Lebensweise mal ändern sollte."

Mit diesen Worten verabschiedet sich Amelia von mir, und die Oberaufseherin geleitet mich zur Ameisenschule.

Eigentlich bin ich ja sehr gespannt auf meine neue Aufgabe.

Es ist schon wahr, was Amelia sagt: Das ganze Leben heißt „Veränderung", und man sollte immer offen für Neues sein.

Nie über andere schimpfen oder lachen, denn das will man ja selbst nicht haben.

Immer nett und freundlich sein, damit kommt man besser im Leben zurecht, als wenn man böse und unfreundlich ist. Denn es stimmt schon: Wenn man nett ist, bekommt man in der Regel Nettigkeit zurück.

Manchmal muss man vorsichtig sein, weil man nicht weiß, ob der Gegenüber es gut mit einem meint.

Aber manchmal ist man überrascht, wenn man keine Freundlichkeit und Hilfe erwartet und sie dann von anderen kommt.

Alle Lebewesen sind gleich: Egal, welche Hautfarbe sie haben, egal, wie groß oder klein sie sind, egal, ob dick oder dünn und egal, ob sie uns hässlich vorkommen oder hübsch.

Mal sehen, ob ich das alles meinen Schülern beibringen kann – und auch, dass das Lernen sehr, sehr wichtig … aber nicht alles im Leben ist

Ende

Zeitfracht Medien GmbH
Ferdinand-Jühlke-Straße 7
99095 Erfurt, Deutschland
produktsicherheit@kolibri360.de